PAUL FABRE

UN NOUVEAU CATALOGUE

DES ÉGLISES DE ROME

Extrait des Mélanges d'archéologie et d'histoire
publiés par l'École française de Rome, t. VII.

ROME
IMPRIMERIE DE LA PAIX, PHILIPPE CUGGIANI
Rue della Pace, 35.
1887

UN NOUVEAU CATALOGUE
DES ÉGLISES DE ROME

M. Léopold Delisle a eu la bonté de me communiquer ses notes et ses remarques sur un manuscrit de la Bibliothèque de l'Arsenal qui contient une série de documents de provenance Romaine.

Ce manuscrit (autrefois P. 19 de l'abbaye de Saint-Victor) porte le n° 526. M. Henri Martin, dans le catalogue des manuscrits de l'Arsenal, a fort bien expliqué comment ce manuscrit a été formé au XV⁰ siècle par la réunion de six manuscrits ou fragments de manuscrits différents. Le troisième de ces manuscrits (fol. 89-119 du ms. de l'Arsenal) se compose de trois cahiers de parchemin hauts de 320 millimètres et larges de 198. Il est copié sur deux colonnes, en gros caractères français de la fin du XIII⁰ ou du commencement du XIV⁰ siècle. On lui a donné après coup, sans doute au XV⁰ siècle, le titre *Ordinarium curie cum quibusdam aliis*, qui se lit en haut de la première page. En fait, il contient divers documents dont voici l'indication sommaire :

Fol. 89-100. L'*Ordo Romanus* auquel Mabillon a donné dans son Recueil le n° XIII, et qu'il a intitulé *Ceremoniale Romanum editum jussu Gregorii X*. Le texte de cet *Ordo* est meilleur que le texte donné par Mabillon :

<table>
<tr><td>Mabillon (p. 223).</td><td>Ms. Arsenal 526.</td></tr>
<tr><td>

Et POST *dat. in tali loco* ETC. HUJUS MANU *suscepti a nobis apo* stolatus *anno primo, et* POENITEN-TIARII *dicunt in data suarum lit.* terarum. Datum ETIAM *anno primo* . . . . .

mitram in capite IPSO *congruam*

</td><td>

Et PONI TUR *dat. in tali loco* X KALENDAS MAII, *suscepti a nobis apostolatus anno primo, et* PRIMARII *dicunt in data suarum litterarum : datum* ET CETERA *anno primo* . . . . .

mitram in capite TEMPORI *congruam.*

</td></tr>
</table>

Fol. 100-102. v° col. 1. Suite de l'*Ordo XIII* de Mabillon, mais que Mabillon n'a pas imprimée; il y est question de la célébration des offices du Propre des Saints et de la couleur des ornements à employer pour chaque fête. L'*Ordo XIII* de Mabillon parle seulement du Propre du Temps; le ms. 526 de l'Arsenal y joint le Propre des Saints: s^t André, s^{te} Lucie, s^t Thomas, s^{te} Marie, s^t Benoît, s^t Martin, s^{te} Elisabeth, la Dédicace des Saints Apôtres, s^{te} Cécile, s^t Clément, etc.

Fol. 102 v°-108. Observations détaillées sur différents points du Cérémonial de la Cour pontificale. Dans la pensée de l'auteur, c'est là comme un second chapître destiné à faire suite à l'*Ordo*. Il commence en effet: *Secundo de officiis dicendum est de obsequiis que circa domnum papam fiunt.*

Fol. 108. *Incipit ordo qualiter summus pontifex apud basilicam sancti Petri apostoli debet ordinari.* La première partie de ce chapître, jusqu'aux mots rubriqués *Item benedictio pape de episcopo facti* se retrouve, très-amplifiée d'ailleurs, au chapître XLV de l'*Ordo XIV* de Mabillon, chapître intitulé *Incipit ordo qualiter Romanus pontifex apud basilicam beati Petri apostoli debeat consecrari rubrica.* Quant aux prières qui suivent les mots *Item benedictio pape de episcopo facti*, ce sont celles du chapître XIV du même *Ordo* XIV de Mabillon, chapître intitulé *De Benedictione danda per Papam in processione.*

Fol. 109-114. *Incipit ordo qualiter Romanus imperator apud basilicam b. Petri debet coronari.* Après le couronnement de l'empereur, il est question du couronnement de l'impératrice. Ce sont les chapîtres CV et CVI de l'*Ordo XIV* de Mabillon (p. 397-406), jusqu'aux mots *Rubrica que inferius ponitur.*

Fol. 114. *De stationibus Urbis.* Mabillon, p. 544-548, avec quelques différences.

Fol. 115. *Hce sunt ecclesie Urbis.*

Fol. 118 v°. Abrégé de la première rédaction des *Mirabilia Urbis Romae.*

Je n'insisterai aujourd'hui que sur la liste des églises de Rome que je publie ci-après. Cette liste se termine par les mots *Summa ecclesiarum Urbis CCCLXXXI,* mais, en fait, au lieu de 381 églises, elle en indique seulement 379 ; encore les dénominations sont-elles souvent estropiées et quelquefois complètement défigurées. Les églises y sont groupées d'après le nom de leurs saints patrons, et, pour les premières tout au moins, dans une sorte de hiérarchie à la tête de laquelle sont placées d'abord les églises dédiées au Sauveur, puis celles qui sont dédiées à la Sainte Vierge ; viennent ensuite celles qui sont consacrées aux Anges et Archanges, aux Apôtres, aux Confesseurs et aux autres Saints.

Ce qui fait le principal intérêt de ce Catalogue, c'est sa date ; il est très-vraisemblablement de la même époque que l'*Ordo* qui le précède, c'est à dire du temps de Grégoire X (1272-1276). Un autre *Ordo*, celui de *Cencius Camerarius*, nous donne un tableau des églises de Rome à la fin du XIIe siècle, et pour le XIVe siècle nous avons la liste d'un manuscrit de Turin publiée par Urlichs dans son *Codex topographicus Urbis Romae.* Notre catalogue a donc sa place toute marquée entre celui de Cencius et celui du ms. de Turin ; aussi ai-je placé en regard de chaque nom un C ou un T pour indiquer si l'église en question est mentionnée dans Cencius (C) ou dans le ms. de Turin (T).

Je dois avertir d'ailleurs que pour établir le texte de Cencius je me suis servi du ms. Riccardi 228, qui, pour cette partie du *Liber Censuum,* est la source de tous les autres manuscrits. En plus d'un endroit j'ai pu faire des identifications qui eussent été impossibles avec le texte donné par Mabillon.

J'ai indiqué en note les différences de leçons entre le catalogue du ms. de l'Arsenal d'une part, et d'autre part la liste de Cencius (C) et celle du ms. de Turin (T).

HEE SUNT ECCLESIE URBIS.

1. Salvator de Subura. (C.T)
2. Salvator de Cornutis. (T)
3. Salvator de Miliciis. (C.T)
4. Salvator de Beneratica. (C)
5. Salvator de tribus ymaginibus. (C.T)
6. Salvator de Cossa Cavallo. (C)
7. Salvator de Sere. (C)
8. Salvator de Thermis. (T)
9. Salvator de Sancto Apollinari. (T)
10. Salvator de Primicerio. (C.T)
11. Salvator de Lauro. (C.T)
12. Salvator de Pede pontis. (C.T)
13. Salvator de Sorraca. (C.T)
14. Salvator de Nilia. (C.T)
15. Salvator de Nubersis. (C.T)

1. C = *Sibure.*
3. C = *Militiarum.*
4. C = *Biberatica.*
5. C = *Trium ymaginum.*
6. C = *Coxe caballi.*
7. C = *de Sere* (dans Riccardi 228).
9. J'identifie cette église avec *s. Salvator de Rogeriis*, que le catalogue de Turin mentionne à côté de Saint Apollinaire.
10. C = *Primicerii.* T = *primicereis.*
12. Mabillon écrit *pedemontis,* mais le ms. Riccardi 228 porte *pedepontis.*
14. Lisez *Julia.* Aujourd'hui Ste Anne.
15. Lisez *Inbersis.* Cencius = *Inbersorum.*

16. Salvator de Balneo miccine.

17. Salvator de Caccabariis. (C)

18. Salvator de Nuda. (C . T)

19. Salvator de Dompcampo. (C . T)

20. Salvator de Domo prefecti. (C . T)

21. Salvator de Gallia. (C . T)

22. Salvator de Tripictone.

23. Salvator de Baroncinis. (C . T)

24. Salvator de Divitiis. (C . T)

25. Salvator de Marmorata. (C . T)

26. Salvator de Maximinis. (C . T)

27. Salvator a Curte Astaldi.

28. Salvator de Scrote in cavill'.

29. Salvator de Statera.

16. Cette église ne se retrouve dans aucune autre liste sous cette appellation. Le nom de *Balneum Miccine* appartenait à la région contigue au *Calcararium* et aux *Botteghe oscure*; or, au XIVe siècle, il y avait dans ce quartier une église *s. Salvatoris* dite *in pesoli* ou *in pensulis*, qui est mentionnée dans le *Statuti dei Mercanti* (M. Gatti dans les *Documenti di storia e diritto*, 1881, page 161). Torrigio (*s. Teodoro* page 251) identifie cette église avec *s. Stanislao dei Polacchi*, (note de M. de Rossi).

17. C = *Cacabari*.

18. Lisez *Unda*.

19. C dans Mabillon = *Deocampo*; dans le ms. Riccardi 228 = *Domcampo*. T = *de campo*.

20. T = *de prefectis*. C = *de prefecto*.

21. T = *de Gallia de calcarario*.

23. C = *Barancinorum*.

24. C = *divitiarum*.

26. C = *Maximinorum*. T = *de Maximis*.

28. M. de Rossi croit que cette église pourrait être *s. Salvator de Camiliano*, qui figure au catalogue de Turin.

29. Cette église est citée dans la liste de Signorili: c'est aujourd'hui *s. Omobono*: voy. Zaccagni (*Catalogus magnus*), dans Mai, *Spicileg.* IX, page 455 et 457.

30. Salvator a S. M. Monasterio. (C)

31. Salvator de Insula. (C . T)

32. Salvator de Rota. (C . T)

33. Salvator de Arcu Trasonis. (T)

34. Salvator de Terionis. (C . T)

35. SANCTA MARIA MAJOR. (C . T)

36. s. Maria de Populo. (T)

37. s. Maria in Parna.

38. s. Maria Nova. (C . T)

39. s. Maria de Scola greca. (C . T)

40. s. Maria de trans Tiberim. (C . T)

41. s. Maria Rotonda. (C . T)

42. s. Maria de Minerva. (C . T)

43. s. Maria de Monte Aventini. (T)

44. s. Maria Moñ. ad s. Petrum ad Vincula. (C . T)

45. s. Maria in Via lata. (C . T)

46. s. Maria in Aquiro. (C . T)

47. s. Maria Monasterii de Campo Mar[tis?] (T)

48. s. Maria de Capitolio. (C . T)

30. J'identifie cette église avec la dernière des églises mentionnées par Cencius avant les *Ecclesiae ignotae*, et cela grâce au texte du ms. Riccardi 228: ... *Salvatori de bono ecclesie sancte Marie in monasterio VI denarios.* Mabillon indiquait à tort une coupure après le mot *ecclesie*. Il s'agit ici du monastère de Ste Marie, près de Saint Pierre *ad vincula.*

82. C = *de rota Colisei.*

83. T = *de arcu de Trasi.*

34. C dans Mabillon = *Torrionis;* dans ms. Riccardi = *Terrionis.* T = *Turrionis.*

87. Peut-être y a-t-il ici une faute et faut il lire *s. Maria in Parium,* qui figure dans T.

39. T = *in Cosmidin.*

44. C'est le monastère dont nous parlions plus haut à propos de *s. Salvator a s. M. monasterio.*

48. C = *de Capitolio.* T = *de Araceli.*

49. s. Maria de Rosa. (T)

50. s. Maria de Julia. (T)

51. s. Maria de Monticellis avil'. (C . T)

52. s. Maria de Monticellis de Scorte.

53. s. Maria in Mirre. (C . T)

54. s. Maria Virgariis. (T)

55. s. Maria in Saxia. (C . T)

56. s. Maria in Palazolo. (T)

57. s. Maria in Traspadina. (C . T)

58. s. Maria in Peregrino.

59. s. Maria a Curte prefecti.

60. s. Maria in Caterina. (C . T)

61. s. Maria de Pusterulis. (C . T)

62. s. Maria de Therimis. (C . T)

.

49. Cette église figure sans doute aussi dans Cencius, sous la forme : *Monasterium dompne Rose.*

50. C'est probablement l'église appelée par Cencius *Monasterium de Julia* (ms. Riccardi 228). Mabillon porte par erreur *de Villa.*

51. Lisez *s. Maria de Monticellis areule (arcnule)*, fondée par Paschal II. C = *in Monticello.*

52. Lisez *s. Maria de Monticellis scorteclariorum;* inconnue à Cencius et au ms. de Turin.

53. Lisez *Turre* pour *Turri.* C = *in Turrim Transtyberim.* T = *in Turre.*

54. T = *de Vergariys*, église du Borgo.

55. T = *s. Maria in Saxiis que est hospitale sancti Spiritus.* C = *Saxie.*

57. C = *Transpadina.* Mabillon écrit *transpontina.*

58. Cette église, inconnue aux autres catalogues, devait être voisine de *san Pellegrino*, construit au pied même de la colline Vaticane.

60. T = *et catharina.* C = *de catenariis.*

61. C = *de Pusterula* (dans ms. Riccardi). T = *de Posterula.*

62. Ni C ni T ne mentionnent cette église sous le nom qu'elle porte ici ; c'est l'église qu'a remplacée plus tard St Louis des Français. T l'appelle *s. Maria de Cella*, et C la nomme *Cella de Farssa* (ms. Riccardi). C'était en effet une dépendance de l'abbaye de Farfa.

63. s. Maria in Monterono. (T)

64. s. Maria in Via. (ȣ . T)

65. s. Maria in Sinodorta. (T)

66. s. Maria de Pallaria. (T)

67. s. Maria in Camatoris. (C)

68. s. Maria de Monte Baionapoli. (C . T)

69. s. Maria in Terdoa. (C)

70. s. Maria de Ferrariis. (C . T)

71. s. Maria de Archa Noe. (C)

72. s. Maria de Dompnica. (C . T)

73. s. Maria de Porta. (T)

74. s. Maria de Campo Carlei. (C . T)

75. s. Maria de Cannella. (C . T)

76. s. Maria in Falcone. (T)

77. s. Maria in Formosa.

78. s. Maria de Guinosa. (C . T)

79. s. Maria de Publico. (C . T)

80. s. Maria de Gradellis. (C . T)

81. s. Maria de Porticu. (C . T)

---

63. T = in *Montarone.*

65. Lisez *sinodochio* (Xenodochio); T = *Sinodochno.*

67. C = *Cambiatoribus.* Aucune autre identification n'est d'ailleurs possible.

68. C = *Balneapolim* (ms. Riccardi). T = *Varianopolis.*

69. C = *Inter duo.* Mabillon écrit *inter duas rias.*

74. C = *Campicaruleonis* (Mabillon = *Campicara Leonis*). T = *Campi Carlei.* Dans Cencius cette église est comptée parmi les *ecclesie ignote et sine clericis.*

76. Urlichs n'a pas bien lu le nom de cette église dans le ms. de Turin; mais il n'est pas douteux que ce soit *in Falcone* qu'il faille rétablir à la dernière ligne de la page 171 de son *Codex topographicus.* Signorili la place près de S! Eustache; le ms. de Turin la met au Borgo (Note de M. de Rossi).

78. T = *de Guinizo.* C = *de Guinizzo.*

80. C = *de Gradella.*

82. s. Maria de Flumine. (C . T)

83. s. Maria de Arcu Aureo (C . T)

84. s. Maria in Petrocio. (C . T)

85. s. Maria a domo Jo. Bovis. (C)

86. s. Maria Dompna berta. (C)

87. s. Maria de Fossa. (C . T)

88. s. Maria de Curte miccine. (C . T)

89. s. Maria de Vallicella. (C . T)

90. s. Maria in Mavirente. (C)

91. s. Maria in Proba. (T)

92. s. Maria de Maxima. (T)

93. s. Maria de Caccabariis. (C . T)

94. s. Maria de Tofellato. (C . T)

95. s. Maria de Curte in Campitellis. (C . T)

96. s. Maria de Macello. (C . T)

97. s. Maria in Campo a domo Gregorii.

82. C = *a flumine* (Riccardi 228). Mabillon = *fluminum.*

83. C = *arcu auri* (Riccardi 228).

84. = *in Petrochia.* C = *in Petrocio* (Riccardi); Mabillon porte *in Pretorio.*

86. C = *s. Maria de Berta.*

87. C = *de Fossa.* T = *de Fovea.*

88. C = *curtis domne Miccine* (Riccardi). Mabillon écrit *cunctis done Micine.* T = *in curte done Micine.*

90. Lisez *in Majurente.* Cencius range cette église parmi les *ignote et sine clericis.*

91. T = *de puteo Pribe.*

92. T = *Monasterium sancte Marie de Maxima.*

93. T = *de Cacchabellis.*

94. C = *in Tofellato* (Riccardi 228). Mabillon écrit *in Tofella.* — T = *de Tufella.*

95. La liste de Turin porte seulement *in Curte,* mais mentionne cette église à côté de Ste Marie *in Campitellis.* Le catalogue de Cencius contient deux églises de Ste Marie *in Campitelli* ; l'une est dite *s. Maria Campitellii,* l'autre *s. Maria in Capitello.* Une de ces églises doit être identifiée sans doute avec Ste Marie *in Curte.*

98. s. Maria de sancto Cerico. (C . T)

99. s. Maria a Flumine. (C . T)

100. s. Maria de Canapara. (C . T)

101. s. Maria in Tempore. (T)

102. s. Maria in Capella. (C . T)

103. s. Maria de Campitello. (C . T)

104. s. Maria de Mano. (C . T)

105. s. Maria Saxolaria. (T)

106. s. Maria de Astariis. (C . T)

107. s. Maria de episcopio in monte Aventino. (T)

108. s. Angelus de Piscivendulis. (C . T)

109. s. Angelus de Augusto. (C)

110. s. Angelus de Tenuco.

111. s. Michael de Porticu. (C . T)

112. s. Angelus in Genuculo. (C . T)

98. Lisez *de secundicerio*. T = *secundicerii*.

100. C = *Cannaparie*. T = *de Canapara*.

101. T = *in Tempore*, et ajoute *destructa*.

103. Cf. supra n° 95.

104. C et T = *de manu*.

105. Très-probablement l'église dite *s. Maria de Spatularia* dans la liste de Turin.

106. C = *Hastariorum*. T = *de Astara*.

107. La liste de Turin distingue *s. Maria de episcopio* et *s. Maria de Aventini* qu'elle place toutes deux sur l'Aventin.

108. *Piscium vendulorum* (Mabillon écrit *venditorum*). T = *in foro piscium*.

109. C = *de Agusto*. Mabillon écrit *Augusto*.

111. Je croit qu'il s'agit ici de S* Michel *in Palatiolo*, près de S* Pierre. Le catalogue de Turin l'appelle simplement *s. Michael*. Il est d'ailleurs question de *s. Michael juxta Palatiolum* dans le *Liber Censuum* de Cencius. Ce nom de *Palatiolum* était donné à la petite colline (villa Barberini) qui s'élève au sud est de la Place S* Pierre.

112. M. de Rossi pense qu'il s'agit ici du Château S* Ange, et qu'il faut lire *in Cereculo*. Mais le catalogue de Turin mentionne un S* Ange au Janicule, près de S* Pierre *in Montorio*, et la même leçon

113. s. Petrus Major. (C . T)

114. s. Petrus ad Vincula. (C . T)

115. s. Petrus Marcellinus. (C . T)

116. s. Petrus Montorio. (T)

117. s. Petrus in Horrea. (C)

118. s. Paulus Major. (C . T)

119. s. Paulus Aureule. (C . T)

120. s. Andreas de Veneratica. (C . T)

121. s. Andreas de Massa vill'.

122. s. Andreas infra ortos. (T)

123. s. Andreas de Columpna. (C . T)

124. s. Andreas de Urso. (C . T)

125. s. Andreas de Caballo. (C)

126. s. Andreas de Sancto cecl'ar.

127. s. Andreas de Palatina. (C)

128. s. Andreas de Unda. (T)

129. s. Andreas de Domo fecl'uolie.

in Jannuculo est aussi dans Cencius. Je crois donc qu'il faut conserver ici *in Genuculo* et interpréter par *s. Ange au Janicule.*

116. T == *Montis Aurei.*

117. C == *in Orrea.*

119. C et T == *de Arenula.*

120. C et T == *de Biberatica.* Cette église ne se trouve pas dans Mabillon; le ms. que Mabillon a eu sous le yeux, interprétant mal une indication marginale du ms. Riccardi, portait St André *de Spanis* au lieu de St André *de Biberatica.*

121. Lisez *Massa Juliana.* La liste de Cencius (dans le ms. Riccardi 228) mentionne côte à côte deux églises de St Adrien *in Massa Juliana* (près de Ste Marie Majeure); je crois que, grâce à l'indication du catalogue que nous publions, on pourrait corriger dans Cencius un des *s. Adrianus* en *s. Andreas.* D'ailleurs *s. Andreas de Massa Juliana* est connu d'autre part.

125. Cencius place cette église parmi les *ignote et sine clericis.*

127. C == *de Palacina.*

129. Faudrait-il lire *Fordivolys*, comme dans T?

130. s. Andreas de Sebura. (C . T)

131. s. Andreas de Livazesi. (T)

132. s. Andreas de Mesu Porticu. (C . T)

133. s. Andreas a Savo. (T)

134. s. Andreas de Puto probo. (C . T)

135. s. Andreas de Finianis. (C . T)

136. s. Andreas de Morterraciis. (C)

137. s. Andreas de Arcu aureo. (C . T)

138. s. Andreas de Pisciola.

139. s. LAURENCIUS FORAS MUROS. (C . T)

139.[bis] s. Laurencius foras muros.

140. s. Laurencius Paripna. (T)

141. s. Laurencius in Lucina. (C . T)

142. s. Laurencius in Damaso. (C . T)

143. s. Laurencius de Palacio. (C . T)

144. s. Laurencius de Miranda. (C . T)

145. s. Laurencius de Papitariis. (T)

146. s. Laurencius a sancto Ciriaco. (C)

130. T = *de Subura*.

131. T = *de Azanesi*.

132. S'agit-il de S' André dans la basilique de S' Pierre, mentionné par le T dans ces termes: s. *Andreas in ecclesia s. Petri?* C'est très probable. Dans ce cas, il faudrait identifier cette église avec le *s. Andreas Transtyberim* de Concius.

134. C = *Putei de Proba*. T = *de Puteo Pribe*.

135. Lisez *Funariis*.

136. C = *de Mortarariis*.

138. La liste de Turin mentionne deux églises *in Pisciola*, en face de S' Barthélemy dans l'Ile : S' Benoît et S' Laurent; elle place près de là S' André *in Clavis;* serait-ce de ce S' André qu'il s'agirait ici?

140. Lisez *Panisperna*. T = *Panispernus*.

143. T = s. *Laurentius de Palatio* (il s'agit du Palais de Latran) *vel Sancta Sanctorum*

145. T = *de palpitario*.

146. M. de Rossi pense que cette église doit être cherchée près des

147. s. Laurencius Peseli.

148. s. Laurencius post Gregorium.

149. s. Laurencius de Bascio. (C . T)

150. s. Laurencius de Calearii. (C . T)

151. s. Laurencios de Mucci. (C . T)

152. s. Laurencius a Flumine. (C . T)

153. s. Laurencius de Pisciola. (C . T)

154. s. Laurencius de Proto. (C . T)

155. s. Laurencius de Mundegario. (C . T)

156. s. Laurencius de Arcioene. (C . T)

157. s. Laurencius de Pretadelipisci.

158. s. Laurencius de Monte Domne rose.

159. s. NICOLAUS DE CARCERE. (C . T)

160. s. Nicolaus de Forca. (C . T)

161. s. Nicolaus de Capella pape.

162. s. Nicolaus de Macella. (C . T)

Thermes de Dioclétien, ou bien près de St Cyriaque *in via lata*. Concius la mentionne parmi les églises *ignote et sine clericis*.

147. Le nom de cette église est à rapprocher de s. *Salvator in Pesoli* dont nous parlions plus haut (note 16); Cencius la mentionne dans l'*Ordo Romanus*. à côté de St Marc, sous le nom de s. *Laurentius Pensilis*.

148. C'est l'église *ad arcum stillantem* dont M. de Rossi a parlé dans le *Bulletin communal d'Archéologie* 1886, p. 352.

149. C = de *Bascio*. T == de *Bascis*.

150. Lisez *Calearii*. C T = de *Calcario*.

151. T = de *Mutis*. C = de *Muzo*.

152. C = a *flumine*. T = *juxta flumen*.

153. C = *Piscinula*.

154. C = de *Proto* (Riccardi). Mabillon donne *Porto*. Doit s'identifier avec St Laurent *de Arcesa* de la liste de Turin.

155. C = *Mondezarii*. T = de *Mondezarie*.

156. C = in *Arsionum* (parmi les *ignote et sine clericis*). T = de *Archionibus*.

157. Est-ce St Laurent *piscium* ou *de piscibus* au Borgo?

159. C = de *Carcere*. T = in *carcere Tulliano*. C et T = *Furca*.

161. Dans le palais de Latran.

162. C = *Macelli*. T = in *Macello*.

163. s. Nicolaus de Calcarariis. (C . T)

164. s. Nicolaus de Millinis. (C . T)

165. s. Nicolaus de Artione. (C . T)

166. s. Nicolaus de Forbitoriis. (C . T)

167. s. Nicolaus de Prefecto. (C . T)

168. s. Nicolaus de Cripta agonis. (C . T)

169. s. Nicolaus de Pinea. (C)

170. s. Nicolaus de Curte Trivii. (C . T)

171. s. Nicolaus de Hospitale. (C . T)

172. s. Nicolaus de Curte Cinthii Gregorii. (C . T)

173. s. Nicolaus de Funariis. (C . T)

174. s. Nicolaus de Columpna Adriani. (C . T)

175. s. Nicolaus de Forma. (C . T)

176. s. Nicolaus de Oliveto. (C . T)

177. s. Nicolaus de Colixeo. (C)

178. s. Nicolaus de Aqua Salvia. (T)

179. s. Nicolaus de Marmorata. (C . T)

180. s. Nicolaus de Rosis.

181. s. Nicolaus in palatio sancte Anastasie.

163. C = *Calcarorium.* T = *de Calcarario.*
164. C = *Melinorum* (Mabillon *Mellienorum*). T = *de Mellinis.*
165. C = *Arcionum.* T = *de Archionibus.*
166. C = *Forbitorum.*
167. C = *Prefecti.* T = *de Prefectis.*
168. C = *Agonis.* T = *de Agone.*
170. C et T = *de Trivio.*
172. C a simplement *s. Nicolaus Gregorii Centii,* et T = *s. Nicolaus de Curte.* Le catalogue que nous publions ici montre le lien entre ces deux désignations.
173. C = *Funariorum.* T = *de funariis.*
174. C = *Columpne Adriani.* T = *de Columpna.*
175. C et T = *de formis.*
176. C = *de Alvioto,* parmi les *ignote et sine clericis.* T = *de olivetis.*
177. C = *de Colosseo.*
181. Cf. Mai, *Spicileg.* IX, p. 435-436.

182. s. IOHANNES IN LATERANO. (C . T)

183. s. Iohannes ante portam latinam. (C . T)

184. s. Iohannes de porta septūan. (C . T)

185. s. Iohannes in Orrea. (C . T)

186. s. Iohannes de Campo Terreclavo. (C . T)

187. s. Iohannes de Magina. (C . T)

188. s. Iohannes de Capite. (T)

189. s. Iohannes et Paulus. (C . T)

190. s. Iohannes de Ficutia. (C . T)

191. s. Iohannes de Pinea. (C . T)

192. s. Iohannes de Insula. (C . T)

193. s. Iohannes in Crapulo. (T)

194. s. Iohannes de Curte.

195. s. MARTINUS DE MONTIBUS. (C . T)

196. s. Martinus de Pusterulis. (T)

197. s. Martinus de Portica. (T) (C)

198. s. Martinus a Domo Mardonis. (T)

199. s. Martinus de Panarella. (C . T)

183. C = *Porte latine.* T = *ad portam latinam.*

184. Lisez *Septimiana.* C et T = *de Porta,* sans qualificatif.

186. C = *De campo Turriclano.* T = *de Campo.*

187. C = *in Agina* (ms. Riccardi).

188. T = *Ecclesia sci Johannis infra ambitum dicti* (S. Silvestro *in capite*) *monasterii.*

190. C et T = *de Ficotia.* (Mabillon = *Ficossia*).

192. T ajoute: *totaliter destructa.*

193. T = *de Crapullo.*

196. T = *de Posterula.*

197. T = *de Porticu.* Je crois que cette église *in Porticu* doit être identifiée avec s. *Martinus Bergariorum* mentionné dans Cencius; Ste Marie *de Vergargis,* citée dans la liste de Turin, était en effet dans la région dite *in Porticu.*

198. T = *de Chardonis.*

199. T = *sancta Martina de Panarella.* C = *sanctus Martinus de Panarella.*

200. s. Martinus de Monte de Maximo. (C)

201. s. STEPHANUS IN CELIO MONTE. (C . T)

202. s. Stephanus de Caballo. (C . T)

203. s. Stephanus de Arcione. (C . T)

204. s. Stephanus a Domo Petri Gregorii.

205. s. Stephanus a Pila. (C . T)

206. s. Stephanus Miccino. (C)

207. s. Stephanus de Piscina. (C . T)

208. s. Stephanus de Fovea.

209. s. Stephanus de Pauluni.

210. s. Stephanus Rotondus. (C . T)

211. s. Stephanus de Baccinariis.

212. s. Stephanus Orphonotrofium. (C)

213. s. Stephanus de Pinea. (C . T)

214. s. Stephanus in Crapafice. (C . T)

215. s. Stephanus ad sanctum Grisogonum. (C)

216. s. GREGORIUS DE DINOSCANTI. (T)

217. s. Gregorius de Ponte Judeorum. (C . T)

218. s. Gregorius de Gradellis. (C . T)

219. s. Gregorius de Palacio. (T)

220. s. Gregorius de Cortina. (C . T)

221. s. Gregorius Grecis. (C . T)

222. s. Gregorius Nazarenus.

223. s. CECILIA IN TRANSTIBERIM. (C . T)

---

200. C = s. *Martinus de Maximo.*

202. C = *de caballo.* T = *de caballis.*

203. C = *Arcionum.* T = *de Archionibus.*

206. C = *de Mizino* (Riccardi). Mabillon écrit *Nuzino.*

212. C = *Orfanotrofi.*

213. C = *de Capite Africe.* T = *in Caprafice.*

215. C = *Transtyberim,* à côté de Ste Agathe au Trastevere.

216. Lisez *Clivo Scauri.* T = *in Claves Tauri.*

217. C = *de Ponte.*

224. s. Cecilia de Pusterulis.

225. s. Cecilia de Fossa. (T)

226. s. Cecilia a domo Stephani Petri. (C)

227. s. Cecilia de Monte Falfi. (C . T)

228. s. Cecilia a domo Henrici Pantaleonis. (C . T)

229. s. BLASIUS GRATO SECUTA. (C . T)

230. s. Blasius de la penna. (C . T)

231. s. Blasius de Oliva. (C . T)

232. s. Blasius de Scortecclariis.

233. s. Blasius de porta sancti Pauli. (T)

234. s. Blasius a domo Sarracenis. (C)

235. s. Blasius de Curtis. (C . T)

236. s. Blasius in Campo.

237. s. Blasius a Pede mercati. (C . T)

238. s. Blasius de Ascesa. (C . T)

239. s. BLASIUS IN TRANSTIBERYM. (C . T)

240. s. Cosmas de Transtiberym. (T)

241. s. Cosmas in Silice. (T)

242. s. Cosmas de Pinea. (C . T)

243. s. Cosmas ad s. Mariam Majorem. (C)

225. T == de Fovea.
226. C == s. Cecilia Stephani de Petro.
227. C == de Faffo (Mabillon écrit de Taffo). T == Montis Farfe.
228. C == Cencii Panthaleonis. T == de Panthaleis.
229. C == de Gattusecuta. T == de Cantusecuta.
230. C == de Pinna (Riccardi). T == de Penna, et il ajoute destructa.
233. T == de Porta.
234. C == Millonis Sarraceni.
236. Est-ce s. Blasius in Campo Securo? Cf. Mai, Spicileg. IX, p. 451. — Est-ce s. Biagio de' Materazzari au champ de Mars?
238. Mabillon écrit Arverseo. Riccardi == de Ascesa.
240. T == s. Cosmas et Damianus (au Trastevere).
241. T == s. Cosmas et Damianus (au Forum).
243. C == sancte Marie Majoris.

244. s. Cosmas de Monte Granatorum. (C . T)

245. s. ANASTASIUS DE FORIS.

246. s. Anastasius de Pinea. (C . T)

247. s. Anastasius de Truno. (C . T)

248. s. Anastasius de Aurenula. (C)

249. s. Anastasius de Marmorata. (C . T)

250. s. Anastasius de Puteo Probe.

251. s. THOMAS CAPVT MALORUM. (C . T)

252. s. Thomas de Parione. (T)

253. s. Thomas de Yspanis. (C . T)

254. s. Thomas de Castro sancti Angeli. (C . T)

255. s. Thomas de Formis. (T)

256. s. BENEDICTUS DE PISCIOLIS. (C . T)

257. s. Benedictus Sconzo. (C)

258. s. Benedictus de Aureula. (C . T)

259. s. Benedictus a cella Farfe. (T)

260. s. Benedictus de Insula.

261. s. SILVESTER DE CAPITE. (T)

262. s. Silvester Porta Septentrionis.

263. s. Silvester de Thermis. (C)

244. C = *Montis granatorum.* T = *de Monte Chravato.*

245. Sans doute S. Anastase *ad Aquas Salvias.*

247. Lisez *de Trivio.*

248. C = s. *Anastasius Ariole.*

249. C'est grâce au ms. Riccardi qu'on peut retrouver cette église
dans Cencius: dans Mabillon, une interversion fâcheuse donne à cette
église le vocable *de Bascio.*

251. C = *Vinearum.* T = *de Vineis.*

256. C = *de Piscinula.* T = *de Pisciola.*

257. C = *Sconzio.*

258. C = *Ariole.* T = *Arenula.*

259. T = s. *Benedictus de Termis,* une des églises sur l'emplace-
ment de St Louis des Français.

263. Sur cette église, cf. Mai, *Spicileg.* IX, p. 392; Ugholli, t. I,
col. 112.

264. s. Silvester de Palma. (T)

265. s. Silvester de Veneratica. (C)

266. s. Silvester de palatio lateranensi. (T)

267. s. CESARIUS DE GRECIS. (C . T)

268. s. Cesarius de Aureula.

269. s. Cesarius a porta Acie. (T)

270. s. Cesarius Greca. (C)

271. s. Saturinus de Foris. (T)

272. s. Saturinus de Cabello. (C)

273. s. BARTHOLOMEUS DE INSULA. (T)

274. s. Bartholomeus de Merolana. (T)

275. s. Bartholomeus de Aureula. (T)

276. s. Andrianus ad s. Mariam Majorem. (C)

277. s. Andrianus. (C . T)

278. s. Vitus in Campo. (T)

279. s. Vitus in Marcellis. (T)

280. s. Sergi *(sic)* de Subura. (C . T)

281. s. Sergi oforma. (C)

282. s. Valentinus extra portam. (T)

265. C = *de Biberatica.*

267. C = *Grecorum.* T = *in palatio.* Cf. M. l'abbé Duchesne, *Bulletin critique,* 1885.

269. T = *s. Cesarius in Turrim.* L'identification ne me parait pas douteuse. — La *Porta Acie,* c'est la porte St Sébastien.

270. C = *Grecarum.* Cencius place cette église parmi les *ignote et sine clericis.*

271. Lisez *Saturninus.* C'est St Saturnin sur la *Via Salaria.*

272. Lisez *Saturninus de Caballo.*

274. T porte simplement *s. Bartholomeus.*

275. T porte simplement *s. Bartholomeus.*

276. C = *sancte Marie Majoris.* Mabillon ne mentionne pas cette église.

279. T = *in Macello.* Dans Cencius, il y a un St Vit, mais sans désignation de lieu.

281. C = *s. Sergius de Forma.*

283. s. Valentinus de vanio miccine. (C)

284. s. Cyr[iacus] monasterium. (C . T)

285. s. Cyr[iacus] de Thermis. (T)

286. sancta XL a Collocteo. (C . T)

287. sancta XL de Calcariarii. (C . T)

288. s. Sebastianus Via pape. (C . T)

289. s. Sebastianus a Catacumbis. (T)

290. s. Pantaleo de Parione. (T)

291. s. Pantaleo Trium Fornorum. (C . T)

292. s. Georgius a sancto Adriano. (T)

293. s. Georgius de Augusto. (T)

294. sanctus Agati in Monasterio. (C . T)

295. sanctus Agati in diaconia. (C . T)

296. s. Abdon et Sennen. (C . T)

297. s. LUCIA DE SILICE. (C . T)

298. s. Lucia de Confingio. (C)

299. s. Lucia de sep̄t'nano.

300. s. Lucia de Pinea. (C)

283. Lisez *de Balneo Miccine*. C = *de Baniovizino*.

284. C'est le monastère de S' Cyriaque *de Camiliano* (dans la *via Lata*). C = *s. Cyriacus*.

286. C et T = *Sancti XL*.

287. T = *de Calcariis*.

288. C = *de via pape*. T = *de via papali*.

289. T = *s. Sebastiani monasterium*.

291. T = *s. Panthaleo* (dans le quartier *dei Monti*). C = *Trium Cklibanorum*, c'est à dire des Trois-Fours. Mabillon écrit *muri* (au lieu de III) *Clibanorum*.

292. Je crois qu'il s'agit ici de S' Georges *in formis*, sur l'Esquilin.

293. T = *de Augusta*, et ajoute: *destructa*.

294. C = *Monasterium s. Agathe*. T = *s. Agatha*.

295. C = *sancta Agatha*. T = *s. Agatha de Subura*.

296. C = *Abdonesenen*. T = *Adonensis et Geonensis* (d'après d'Urlichs).

298. C = *de Confinio*.

299. Lisez *de Silignano*. La liste de Turin est précisément interrompue au milieu d'une série d'églises dites *in Silignano*.

301. s. Lucia de VII Foliis. (C . T)

302. s. Lucia Agampto secuta. (C)

303. s. Lucia quatuor portarum. (T)

304. s. Angnes *(sic)* foris muros. (T)

305. s. Agnes de cripta agonis. (C . T)

306. s. Marina a celo g'.

307. s. Marina Pusterulis. (C . T)

308. s. Apostolus. (C . T)

309. s. Apoll[inaris]. (C . T)

310. s. Apoll[inaris] a porta Acie.

311. s. Triphon. (C . T)

312. s. Celtisus.

313. s. Leonardus. (T)

314. sancta Trinitas. (T)

315. s. Iacobus. (T)

316. s. Iacobus in Cerea. (T)

301. C et T = *de Septemsoliis.*

302. C = *Capium secuta* (parmi les *ecclesie igno'e et sine clericis*). C'est probablement la même église que S¹ Marie *juxta flumen* de la liste de Turin.

305. C = *s. Agnes Agonis.* T = *s. Agnes de Agone.*

306. Est-ce S¹ᵉ Martine au Forum?

307. C = *s. Marina de Pusterula* (Mabillon écrit *Maria* au lieu de *Marina*). T = *s Marina,* sans autre désignation.

308. Mabillon a omis cette église qui figure la sixième dans la liste de Cencius du ms. Riccardi: *sancto Apostolo II solidos.* T = *sancti Apostoli.*

310. Sur S¹ Apollinaire *a porta Acie* (porte S¹ Sébastien), voy. De Rossi, *Roma sotterranea,* I, p. 233-234.

311. C = *sanctus Trifus* (Riccardi), c'est à dire, plus exactement, avec le datif, *sancto Trifo.*

312. Est-ce S¹ Celse?

313. T mentionne deux S¹ Léonard: *s. Leonardus de Albis* et *s. Leonardus de Sitignano.*

314. Cencius ajoute *Scotorum.*

316. Je pense qu'il faut lire *in Orrea.*

317. s. Ursus. (C . T)

318. s. Innocencius.

319. s. Zenon (C . T)

320. s. Peregrinus. (C . T)

321. s. Iustinus. (C . T)

322. s. Egidius. (C . T)

323. s. Quatuor. (C . T)

324. s. Leo VII soliis. (C . T)

325. s. Barnaba. (T)

326. s. Symon. (T)

327. s. Ypolitus. (C . T)

328. s. Eusterius. (C . T)

329. s. Alexius. (T)

330. s. Eusebius. (C . T)

331. s. Abbacyrus. (C)

332. s. Pastor. (T)

333. s. Euplus.

334. s. Abbacyrus in Transtiberym.

335. s. Felex *(sic)* in Pinti. (C . T)

336. s. Marcellus. (C . T)

337. s. Marcus. (C . T)

338. s. Theodorus. (C . T)

323. *sancti Quatuor Coronati.*

324. Lisez *Septemsoliis.*

325. T = *s. Barnaba de Porta.*

326. T = *Symeon.*

328. C = *s. Eusterius* (Mabillon donne *Euterius*) T = *sancto Eusterius de Campo Senensi.*

329. T = *Monasterium sancti Alexii.*

333. S. Euplus parait identique à *s. Salvator de Porta*, hors de la porte S\u1d57 Paul; cf. *Liber pontif.* édit. Duchesne, page 520.

334. C = *s. Abbacirus.* Je crois que le *s. Abbacirus* mentionné par Cencius est bien le *s. Abbacirus* voisin du Forum de Trajan, et non pas l'église de ce nom au Transtévère.

335. C = *in Pinci.* T = *in Pincis.*

339. s. Mennas.

340. s. Geminianus. (C . T)

341. s. Patris Muthi. (C . T)

342. s. Magutus. (C . T)

343. s. Vitalis. (C . T)

344. Alia est post s. Laurentium in Silice.

345. s. Quiricus. (C . T)

346. s. Pancracius. (C . T)

347. s. Pancra in Laterano.

348. s. Clemens. (C . T)

349. s. Nereus. (C . T)

350. s. Basilius. (T)

351. s. Sixtus. (C . T)

352. s. Sixtus in Gallina. (C . T)

353. s. Arasinus.

354. s. Sabas. (T)

355. s. Daniel. (C . T)

356. Alia est Monte Malo.

357. s. Eustacius. (C . T)

358. s. Calixtus. (C . T)

359. s. Grisogonus. (C . T)

339. Peut être le *s. Marinatus* de Cencius (Riccardi), et *l'hospitale sancti Mandati* du catalogue de Turin.

341. C = *s. Patermotus* (Riccardi). Mabillon écrit *s. Petrus Mote*. T = *s. Paternutius*.

342. C = *s. Magutus* (Riccardi). Mabillon écrit *s. Maurus*. T = *Magutius*.

345. T = *s. Quiricus et Julicta*.

347. Lisez *s. Pancratius in Laterano.* Cf. Mai, *Spicilegium*, IX, p. 487.

349. C et T = *s. Nereus et Achilleus*.

352. C = *de Gallinis Alberti* (Riccardi). T = *in Gallina*.

354. T = *Monasterium sancti Sabbe*.

355. C = *de Forma*. T ajoute *est destructa*.

359. C = *in Transtiberim*.

360. s. Savinna. (C . T)

361. s. Anastasia. (C . T)

362. s. Anna. (C . T)

363. s. Susanna. (C . T)

364. s. Taciana. (C . T)

365. s. Barbara. (C . T)

266. s. Martina. (C . T)

367. s. Balbina. (C . T)

368. s. Juliana. (T)

369. s. Prudentiana *(sic)*. (C . T)

370. s. Crux. (C . T)

371. s. Eufemia. (C . T)

372. Alia est supra vicum in Campo.

373. s. Prasedis. (C . T)

374. s. Prisca. (C . T)

375. s. Bonosa. (C . T)

376. s. Helena.

377. s. Constantia. (T)

378. s. Rufina trans Tiberim. (C . T)

379. Ecclesia Mathei Rubei.

Summa ecclesiarum Urbis CCCLXXXI

---

360. C et T = *s. Sabina.*

362. C et T = *de Marmora'a,* Mabillon écrit *de Marmoratis;* d'ailleurs l'église de St Laurent *in Bascio,* intercalée à tort par Mabillon entre St Nicolas *de Marmorata* et Ste Anne dite *inde,* ferait croire à une Ste Anne *in Bascio* au lieu de Ste Anne *in Marmorata.*

364. C = *s. Tatianus.*

368. T = *s. Julianus.*

369. C = *s. Potentiana.*

371. Mabillon écrit à tort: *s. Eugenia;* la vraie leçon est fournie par le ms. Riccardi: *s. Eufemia Sebure.*

373. C et T = *s. Praxedis.*

379. Sur Ste Hélène cf. Mai, *Spicileg.* IX, p. 408.

HII SUNT TITULI ROM[ANI]

s. Laurentius in Damaso.
s. Laurentius in Lucina.
s. Susanna.
s. Marcellus.
sanctos Apostolos.
s. Marcus.
s. Martinus de Montibus.
s. Iohannes et Paulus.
s. Anastasia.
s. Prisca.
s. Cecilia de trans Tiberim.
s. Maria de trans Tiberim.
s. Nereus.
s. Sixtus.
s. Grisogonus.
s. Stephanus Celio monte.
s. Clemens.
s. Crux.
s. Prudentiana (sic).
s. Praxedis.
s. Vitalis.
s. Petrus ad Vincula.
s. Petrus Marcellinus.
s. Cyr[iacus] in Thermis.
s. Eusebius.
s. Quatuor Coronati.
s. Balbina.
s. Savina.

HEE SUNT DIACONIE

s. Maria in Dompnica.

s. Cosmas et Damianus.

s. Georgius ad Velum Aureum.

s. Adrianus.

s. Angelus.

s. Maria in Cosmidin.

s. Nicolaus in Carcere Tulliano.

s. Eustachius.

s. Maria in Aquiro.

s. Maria in Via Lata.

s. Maria de Porticu.

s. Theodorus.

s. Lucia de Silice.

s. Lucia de VII Soliis.

s. Agathes in diac[onia].

s. Sergius.

s. Maria nova.